쓰면서 완성하는 일본어 기초

손글씨 일본어 완성

JP아카데미 엮음

(주)학은미디어

책 머리에

일본어를 쉽고 재미있게 제대로 배우려면 먼저 고유 문자인 **히라가나**와 **가타카나**를 정확히 익혀야 합니다. 모양, 발음, 그리고 쓰는 순서를 바르게 익혀 두어야 순조롭게 일본어를 공부할 수 있습니다. 이를테면 배경 지식인 셈이지요.

이 책은 히라가나와 가타카나를 정통 **손글씨**로 체계적으로 충실히 익히고, 일본어에서 흔히 쓰이는 핵심 일상 어휘를 쓰면서 외우도록 꾸몄습니다.

특히 생생한 실물 사진과 그림을 곁들여, 지루하지 않고 즐겁게 **어휘력**을 향상시킬 수 있습니다. 또한 원어민 발음에 최대한 가깝게 로마자와 우리말로 발음을 표기하였으므로 학습이 더욱 쉽고 재미있습니다.

아울러 **기본적인 문형**과 **생활 회화**까지 핵심 내용을 정리하여, 문장 학습의 기초가 탄탄해지도록 하였습니다.

단순히 글자나 단어를 눈익힘하거나 억지로 외우는 것이 아니고 충실하게 쓰면서 꼼꼼히 공부하므로 머릿속에 쏙쏙 들어오고, 입에 착착 붙게 됩니다.

정규 일본어 수업을 받는 중·고등학생부터 일본어에 관심 있는 일반인까지 이 책 한 권으로 일본어 학습의 기초를 완성할 수 있으리라 믿습니다.

'시작이 반'이라는 말도 있듯이, 외국어 학습에도 시작이 매우 중요합니다. 이 책을 통해 가깝고도 먼 이웃 나라 일본을 가감(加減) 없이 이해하고, 나아가 일본어의 배경 지식을 탄탄히 쌓기를 바랍니다.

-JP(Japanese) 아카데미-

차례

이 책의 구성과 활용 방법.......4

　＊일본어 기초.......6

히라가나 자원(字源)과 오십음도.......9

　　　히라가나 청음(清音).......10

　　　헷갈리기 쉬운 히라가나.......20

　＊일본 들여다보기.......22

　　　Check Check.......24

　　　히라가나 탁음(濁音), 반탁음(半濁音).......26

　　　히라가나 요음(拗音), 촉음(促音), 발음(撥音), 장음(長音).......31

가타카나 자원(字源)과 오십음도.......43

　　　가타카나 청음(清音).......44

　　　헷갈리기 쉬운 가타카나.......54

　　　Check Check.......56

　　　가타카나 탁음(濁音), 반탁음(半濁音).......58

　　　가타카나 요음(拗音), 촉음(促音), 발음(撥音), 장음(長音).......63

　＊재미있는 신종 일본어.......69

　＊일본의 대표적인 명절 및 행사.......76

핵심 생활 어휘.......78

　　테마별 어휘(가족, 나라, 수).......110

　　반대의 뜻을 가진 い형용사.......117

생활 회화.......118

기본 문형.......125

　　몸 관련 어휘.......128

이 책의 구성과 활용 방법

▶ 같은 행(行)의 글자를 함께 익히므로 머릿속에 쏙쏙 들어오고 외우기 쉽습니다.

▶ 글씨 쓰는 요령을 잘 살펴보고 정확히 익히면 글씨 쓰기가 훨씬 수월합니다.

▶ 정통 손글씨로 충실하게 글씨 쓰기 연습을 합니다. (흐린 글씨는 따라 쓰고, 빈칸에는 쓰는 순서에 맞게 바르게 써 보세요.)

▶ 각 글자로 시작하는 낱말을 곁들였습니다. (다른 낱말도 찾아보세요.)

● 히라가나의 모양과 쓰는 순서를 꼼꼼히 익힙니다. (쓰는 순서는 일본에서 일반적으로 쓰이는 방법에 따랐습니다.)

● 원어민의 정통 발음에 최대한 가깝게 로마자와 한글로 표기했습니다. (편의를 위한 참고용임)

● 시원한 크기의 모눈 칸에 반복적으로 쓰면서 바르고 아름다운 글씨체를 익힐 수 있습니다.

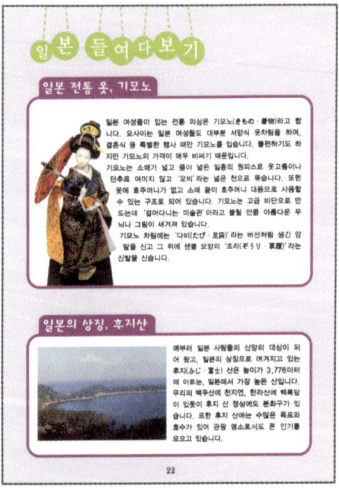

▲ 일본 사회와 문화, 일본어 기초, 신종 일본어 등 일본 및 일본어에 대한 전반적인 배경 지식을 쌓을 수 있습니다.

▲ 헷갈리기 쉬운 글자를 비교하여 살펴보며 변별력을 기릅니다.

◀ 일상생활에서 자주 쓰이는 주요 어휘를 생생한 실물 사진 또는 그림과 함께 정리했습니다. (큰 소리로 읽으며 쓰는 순서에 맞게 바르게 써 보세요.)

● 원어민의 발음에 최대한 가까운 발음을 익히고, 영어도 함께 공부합니다.

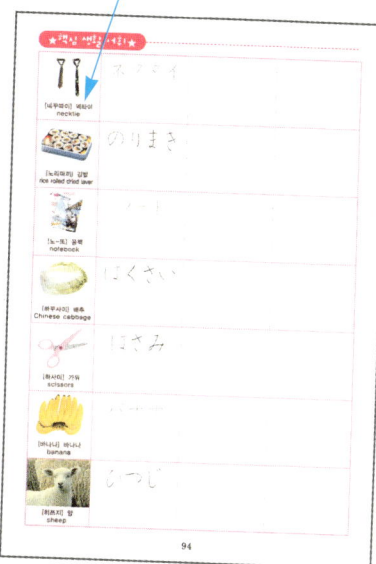

● 널찍한 칸에 손글씨로 충실하게 쓰기 연습을 하며 자연스럽게 어휘력을 향상합니다.

◀ 일본어에 대한 기초 지식을 간단명료하게 설명하여, 일본어 학습의 기초가 탄탄해집니다.

▲ 일본어 문장 학습의 바탕이 되는 기본 문형, 생활 회화를 재미있는 상황으로 자연스럽게 공부합니다.

▶ 사용 빈도가 날로 증가하는 가타카나도 체계적으로 충실히 익힙니다. 낱말도 곁들였습니다.

일본어 기초

일본어와 문자

우리 민족이 사용하는 한국어는 형태상으로는 교착어이고, 계통적으로는 알타이 어족에 속하며, 세종 대왕이 창제한 '한글'로 표기한다.

일본 민족이 사용하는 일본어도 형태상으로는 교착어이며, 계통적으로는 알타이 어족 또는 우랄 어족에 속한다는 주장이 있는데 확실하지는 않다. 일본어는 한자 및 일본 고유의 글자인 '가나'로 표기한다.

한글과 가나는 모두 말소리를 글자로 나타낸 표음 문자(소리글자라고도 함)인데, 한글이 음소 문자(한 음절이 하나 이상의 음소로 이루어짐)인 데 비해 가나는 음절 문자(한 음절이 하나의 음소로 이루어짐)이다.

가나의 유래

우리가 한글이 창제되기 전까지 한자를 빌려 사용했듯이 일본에서도 3세기경부터 한자를 빌려 사용하다 9,10세기 무렵에 가나가 만들어져 한자와 함께 사용하기 시작하여 오늘에 이른다. 가나에는 한자의 일부를 생략하여 만든 가타카나(片假名)와 그 초서체(草書體)를 따서 만든 히라가나(平假名)의 두 종류가 있다.

히라가나는 헤이안(平安) 시대에 궁중 여성들 사이에서 온나데[女手 : 여자의 필체]라는 이름으로 유행한 문자로 필기체의 우아한 모양이다. 히라가나는 주로 문법적인 기능을 수행하는 데 쓰인다. 일본어에서는 의미를 전달하기 위해 한자가 광범위하게 쓰이지만 한자만으로는 일본어의 어형 변화 등을 나타낼 수 없기 때문에 히라가나를 사용한다.

히라가나는 단어의 활용 어미나 소유격, 문장이나 구에서의 직접 목적어를 나타내는 등 문법적인 역할을 할 뿐만 아니라 전치사나 상당수의 형용사, 상용구(常用句) 등으로도 쓰인다. 따라서 일반적인 일본어 문장은 대체로 한자와 히라가나로 이루어지며, 때때로 가타카나가 곁들여지기도 한다.

가타카나는 헤이안 시대에 스님이나 상류층 남성들이 한자 획의 일부를 따서 쓰던 문자에서 유래하며 각이 진 모양이다. 오늘날 가타카나는 외래어, 외국 인명이나 지명, 동·식물 이름, 의성어·의태어, 전보문 등에 사용되고, 인쇄 매체·방송·광고 간판 등의 표제(標題)로도 사용되고 있다.

일본어 한자

한자 문화권에 속하는 우리나라와 일본, 베트남 등 동아시아 지역에서는 상당 수의 단어가 한자에 바탕을 두고 있다. 그러나 오늘날 우리나라나 베트남에서는 언어 표기를 위해 한자를 사용하지 않는 데 비해 일본에서는 지금도 언어 표기에 한자를 광범위하게 사용한다. 다만 획수가 많고 복잡한 한자를 단순화한 상용 한자(常用漢字/조요칸지)를 제정하여 사용하고 있다.
일본어에서 한자를 읽는 방법은 다음과 같이 여러 가지이다.
　*음독(音讀) : 國家(こっか-국가)
　*훈독(訓讀) : 名前(なまえ-이름)
　*음독 + 훈독 : 本立(ほんだて-책꽂이)
　*훈독 + 음독 : 生意氣(なまいき-건방짐)
　*일본식 읽기(あてじ) : 大人(おとな-어른)

50음도

가나(히라가나와 가타카나)를 발음 체계에 따라 あ/ア, い/イ, う/ウ, え/エ, お/オ의 5개 단(段)과 あ/ア, か/カ, さ/サ, た/タ, な/ナ, は/ハ, ま/マ, や/ヤ, ら/ラ, わ/ワ의 10개 행(行)으로 나누어 표로 배열한 것을 '오십음도(五十音圖)'라고 한다. 단, 받침 역할을 하는 ん/ン은 많이 쓰이는 가나이지만 50음에는 속하지 않는 특별한 문자이다.

일본어 가로쓰기

일본에서는 예부터 한자와 가나(히라가나와 가타카나)가 뒤섞인 문장을 사용하였는데 주로 오른쪽에서 왼쪽으로 줄을 바꾸어 가면서 쓰는 세로쓰기였다.
그런데 메이지(明治) 시대(1868~1912)에 이르러 로마자, 아라비아 숫자, 수학·물리 공식, 화학 방정식 등이 사용되면서 영어·프랑스어·독일어 등 어학책과 과학책, 학생들의 노트 등에서 차츰 왼쪽 위에서 아래로 내려가면서 줄을 바꾸는 가로쓰기가 유행하게 되었다. 그러다 1949년부터 공용 문서에서도 가로쓰기가 시행되었다.
가로쓰기의 기본적인 요건은 다음과 같다.
　①글씨의 크기와 글씨 사이를 대충 다듬는다.
　　한자는 가나보다 약간 크게 쓴다. 그러나 한자에도 가나에도 크게 쓰는 글씨, 작게 쓰는 글씨가 있으므로 전체가 조화를 이루도록 해야 한다.
　②글씨의 배열은 각 글자의 중심(中心)을 일직선으로 배열하는 것이 보기에 좋다.
　③글씨의 방향은 로마자나 숫자 등을 고려할 때 똑바로 세우거나 약간 오른쪽으로 기울여 쓰는 것이 좋다.

일본어 발음

일본어의 발음은 청음(淸音), 탁음(濁音), 반탁음(半濁音), 요음(拗音), 발음(撥音), 촉음(促音), 장음(長音)의 7가지로 나누어진다.

❶ 청음(淸音-せいおん)
무성음, 즉 맑은 소리로 50음도의 50개 글자 중 지금은 쓰이지 않는 4글자를 제외한 46개 글자를 이른다. 5개 모음「あ, い, う, え, お」, 조사로 쓰이며 お로 발음하는 を, 4개 이중모음「や, ゆ, よ, わ」, 35개 자음으로 이루어진다.

❷ 탁음(濁音-だくおん)
유성음, 즉 성대의 진동에 의한 탁한 소리로 청음「か, さ, た, は」행에서만 나타난다. 탁음은 글자 오른쪽 윗부분에 탁음 부호「゛」(にごり라고 함)를 찍어 표기한다.

❸ 반탁음(半濁音-はんだくおん)
「は」행 글자에 반탁음 부호「゜」를 찍어「ぱ, ぴ, ぷ, ぺ, ぽ」로 표기하며 유성음이다. [pa, pi, pu, pe, po」와 비슷한 발음인데, 어간이나 어말에 올 경우 [빠, 삐, 뿌, 뻬, 뽀]에 가깝게 발음한다.

❹ 요음(拗音-ようおん)
「き, ぎ, し, じ, ち, に, ひ, び, み, り」에 반모음「ゃ, ゅ, ょ」를 붙여 표기한다. 두 개의 글자이지만 한 개의 음절로 인식하고 짧게 발음한다.

❺ 발음(撥音-はつおん 또는 はねるおと)
튀기듯이 콧소리로 발음하는 ん. 단어 첫머리에는 올 수 없고 다른 글자 밑에서 받침 역할을 하지만 하나의 음절로 친다. 어중의 경우, 뒤에 오는 글자에 따라 발음이 달라진다.

❻ 촉음(促音-そくおん)
단어 첫머리에는 올 수 없고 글자와 글자 사이에「っ」와 같이「つ」를 작게 쓰며, 우리말의 받침 역할을 한다. 뒤에 오는 음에 따라 발음이 달라진다.

❼ 장음(長音-ちょうおん)
우리말에서는 장음을 별도의 글자로 표시하지 않지만 일본어에서는「あ, い, う, え, お」가 같은 단(段)의 글자 뒤에 와 같은 모음이 중복될 때 앞의 글자를 길게 발음한다. 장음도 하나의 독립된 음절이다. 가타카나에서는「ー」로 표시한다.

히라가나 자원字源과 발음

	あ단	い단	う단	え단	お단
あ행	あ 安 아 (a)	い 以 이 (i)	う 宇 우 (u)	え 衣 에 (e)	お 於 오 (o)
か행	か 加 카 (ka)	き 幾 키 (ki)	く 久 쿠 (ku)	け 計 케 (ke)	こ 己 코 (ko)
さ행	さ 左 사 (sa)	し 之 시 (shi)	す 寸 스 (su)	せ 世 세 (se)	そ 曽 소 (so)
た행	た 太 타 (ta)	ち 知 치 (chi)	つ 川 츠 (tsu)	て 天 테 (te)	と 止 토 (to)
な행	な 奈 나 (na)	に 仁 니 (ni)	ぬ 奴 누 (nu)	ね 祢 네 (ne)	の 乃 노 (no)
は행	は 波 하 (ha)	ひ 比 히 (hi)	ふ 不 후 (fu)	へ 部 헤 (he)	ほ 保 호 (ho)
ま행	ま 末 마 (ma)	み 美 미 (mi)	む 武 무 (mu)	め 女 메 (me)	も 毛 모 (mo)
や행	や 也 야 (ya)		ゆ 由 유 (yu)		よ 与 요 (yo)
ら행	ら 良 라 (ra)	り 利 리 (ri)	る 留 루 (ru)	れ 礼 레 (re)	ろ 呂 로 (ro)
わ행	わ 和 와 (wa)				を 遠 오 (o/wo)
	ん 无 응 (n/m/ŋ/N)				

**행**
[청음]

「あ, い, う, え, お」는 단모음으로 우리말의 「아, 이, 우, 에, 오」보다 입을 약간 작게 벌린다. え는 '에'와 '애'의 중간 음, う는 '우'와 '으'의 중간이되 '으'에 가깝다.

あ	い	う	え	お
아 [a]	이 [i]	우 [u]	에 [e]	오 [o]

- あ: 오른쪽으로 어깨가 올라가지 않아야 한다 / 크게
- い: 작게 / 누르지 않는다.
- う: 높다랗게 중앙에 친다
- え: 높다랗게 중앙에
- お: 점은 높게 치되 위치에 주의할 것

| あめ 비 | いぬ 개 | うし 소 | えのぐ 그림물감 | おでん 어묵 |

 **행** [청음]

「か, き, く, け, こ」는 우리말 「카, 키, 쿠, 케, 코」와 비슷하게 발음하되 어중이나 어말에서는 「까, 끼, 꾸, 께, 꼬」에 가깝다. く는 '쿠'와 '크'의 중간 음.

か	き	く	け	こ
카 [ka]	키 [ki]	쿠 [ku]	케 [ke]	코 [ko]

かさ 우산　　きつね 여우　　くま 곰　　けいと 털실　　こころ 마음

[청음]

「さ, し, す, せ, そ」는 우리말 「사, 시, 스, 세, 소」와 비슷하게 발음한다. し는 '쉬'에 가까운 '시', す는 '수'와 '스'의 중간이되 '스'에 좀 더 가깝다.

さ	し	す	せ	そ
사 [sa]	시 [shi]	스 [su]	세 [se]	소 [so]

- さ: 위치가 중요하다.
- し: 너무 지나치게 길지 않게 / 둥글게
- す: 굽힌다
- せ: 길다 / 낮다 / 높다 / 짧다 / 짧게
- そ: 두점 좁게 / 여기가 가장 깊다. / 모를 세운다. / 가볍게 힘을 빼면서 들어 올리는 기분

| さる 원숭이 | しか 사슴 | すいか 수박 | せんせい 선생님 | そら 하늘 |

 [청음]

「た, て, と」는 어두에서는 「타, 테, 토」, 어중·어말에서는 「따, 떼, 또」에 가깝다.
ち는 '치'와 '찌'의 중간이되 '치'에 좀 더 가깝고, つ는 '츠' '쯔' '쓰'의 복합 음.

た	ち	つ	て	と
타 [ta]	치 [chi]	츠 [tsu]	테 [te]	토 [to]

たいこ 북   ちず 지도   つくえ 책상   てぶくろ 장갑   とし 나이

 행
[청음]

「な, に, ぬ, ね, の」는 우리말의 「나, 니, 누, 네, 노」에 가깝다. ぬ는 '누'와 '느'의 중간 음. ぬ의 글자 모양이 ま행의 め와 비슷하므로 주의한다.

나 [na]	니 [ni]	누 [nu]	네 [ne]	노 [no]

なべ 냄비 | にじ 무지개 | ぬし 주인 | ねずみ 쥐 | のり 풀

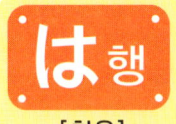 행
[청음]

「は、ひ、ふ、へ、ほ」는 우리말의「하, 히, 후, 헤, 호」와 비슷하다. は, へ가 조사로 쓰일 때는 각각 [wa] [e]로 발음한다. ふ는 '후'와 '흐'의 중간 음.

は	ひ	ふ	へ	ほ
하 [ha]	히 [hi]	후 [fu]	헤 [he]	호 [ho]

* は가 조사(~은, ~는)로 쓰일 땐 [wa]로 발음한다.
  ➜ これは 花(はな)です. [코레와 하나데스]

はな 꽃　　ひと 사람　　ふうせん 풍선　　へそ 배꼽　　ほん 책

 **[청음]**

「ま, み, む, め, も」는 우리말의 「마, 미, 무, 메, 모」와 거의 비슷하다.
む는 '무'와 '므'의 중간 음.

ま	み	む	め	も
마 [ma]	미 [mi]	무 [mu]	메 [me]	모 [mo]

ま 넓게 / 둥근 맛
み 수평 / 둥근 맛 / 병행되도록
む 점을 높게 / 휘둘러 맺는 것 주의
め 오른쪽 어깨가 올라가지 않음 / 언제나 작게 쓴다.
も 쓰러지듯이 쓰지 않음

| まえ 앞 | みみ 귀 | むし 벌레 | めがね 안경 | もも 복숭아 |

[청음]

「や, ゆ, よ」는 이중 모음으로 우리말의 「야, 유, 요」와 거의 비슷하다.
단, よ는 입술을 앞으로 내밀지 않고 발음해야 한다.

や	や	ゆ	ゆ	よ
야 [ya]		유 [yu]		요 [yo]

야 [ya] — 조금 기울게 / 커브에 주의
유 [yu] — a b의 좌우 커브를 맞보게 / 크게 / 길지 않게
요 [yo] — 수평으로 / 오른쪽으로 배가 나온다. / 커브

| やま 산 | やね 지붕 | ゆき 눈 | ゆび 손가락 | よる 밤 |

ら행 [청음]

「ら, り, る, れ, ろ」는 우리말의 「라, 리, 루, 레, 로」와 거의 비슷하다. 혀끝으로 위 잇몸을 가볍게 한 번만 두드려 발음한다. 영어의 [l]과 [r]을 모두 나타낸다.

ら	り	る	れ	ろ
라 [ra]	리 [ri]	루 [ru]	레 [re]	로 [ro]

- らくだ 낙타
- りす 다람쥐
- るすばん 집보기
- れきし 역사
- ろうそく 양초

 **わ행** [청음]

「わ」는 「와」와 비슷하며, 「や, ゆ, よ」와 함께 이중 모음. を는 목적격 조사로만 쓰이며 발음은 「お」와 같은 '오'이다. 「ん」는 50음에 속하지 않으며 받침 역할을 한다.

わ	を	を	ん	々
와 [wa]	오 [(w)o]		응 [m/n/ŋ/N]	반복 부호

* 반복 부호로는 々는 한자에, ゝ는 히라가나에, ヽ는 가타카나에 쓰는데 々 이외에는 잘 쓰지 않는다.

わたし 나   ほんをよむ 책을 읽다.   ほん 책   次々 잇달아

헷갈리기 쉬운 히라가나

あ	お	め	ぬ	い	り	は	ほ
아 [a]	오 [o]	메 [me]	누 [nu]	이 [i]	리 [ri]	하 [ha]	호 [ho]

そ	と	る	ろ	し	も	ま	よ
소 [so]	토 [to]	루 [ru]	로 [ro]	시 [shi]	모 [mo]	마 [ma]	요 [yo]

さ	き	く	へ	つ	て	ち	ら
사 [sa]	키 [ki]	쿠 [ku]	헤 [he]	츠 [tsu]	테 [te]	치 [chi]	라 [ra]

ね	れ	わ	ふ	や	す	た	な
네 [ne]	레 [re]	와 [wa]	후 [fu]	야 [ya]	스 [su]	타 [ta]	나 [na]

일본 들여다보기

일본 전통 옷, 기모노

일본 여성들이 입는 전통 의상은 기모노(きもの·着物)라고 합니다. 요사이는 일본 여성들도 대부분 서양식 옷차림을 하며, 결혼식 등 특별한 행사 때만 기모노를 입습니다. 불편하기도 하지만 기모노의 가격이 매우 비싸기 때문입니다.

기모노는 소매가 넓고 품이 넓은 일종의 원피스로 옷고름이나 단추로 여미지 않고 '오비'라는 넓은 천으로 묶습니다. 또한 옷에 호주머니가 없고 소매 끝이 호주머니 대용으로 사용할 수 있는 구조로 되어 있습니다. 기모노는 고급 비단으로 만드는데 '걸어다니는 미술관'이라고 불릴 만큼 아름다운 무늬나 그림이 새겨져 있습니다.

기모노 차림에는 '다비(たび·足袋)'라는 버선처럼 생긴 양말을 신고 그 위에 샌들 모양의 '조리(ぞうり·草履)'라는 신발을 신습니다.

일본의 상징, 후지 산

예부터 일본 사람들의 신앙의 대상이 되어 왔고, 일본의 상징으로 여겨지고 있는 후지(ふじ·富士) 산은 높이가 3,776미터에 이르는, 일본에서 가장 높은 산입니다. 우리의 백두산에 천지연, 한라산에 백록담이 있듯이 후지 산 정상에도 분화구가 있습니다. 또한 후지 산에는 수많은 폭포와 호수가 있어 관광 명소로서도 큰 인기를 모으고 있습니다.

일본의 전통 스포츠, 스모

일본 사람들이 특히 좋아하는 스포츠는 야구, 축구, 스모(すもう·相撲/角力)입니다. 우리의 씨름과 유사한 스모는 두 명의 리키시(りきし·力士)가 링 위에서 맞붙어 상대편을 넘어뜨리거나 링 밖으로 밀어내거나 하여 힘과 기술을 겨루는 개인 스포츠입니다.

스모란 말은 본래 중국어로 '서로를 치다/해치다'라는 뜻입니다.

일본 전역에서 개최되는 프로 스모 경기는 오즈모(おおずもう·大相撲)라 불리며, 일본의 유명한 스모 선수들은 연예인 못지 않게 큰 인기를 누립니다.

일본의 수도, 도쿄

도쿄(とうきょう·東京)는 일본의 수도이자 정치·경제·문화의 중심지입니다. 인구로 치면 세계 1위, 면적은 서울의 3배나 됩니다. 뉴욕, 런던, 파리, 서울 등과 함께 세계적인 도시 가운데 하나입니다.

도쿄 시내에 거주하는 인구만 1천3백만 명에 가까우며, 도쿄 근교의 위성도시에 사는 사람들까지 포함하면 3천만 명에 이른답니다, 이는 일본 인구의 4분의 1에 해당합니다.

도쿄에는 일본 국왕이 사는 황궁, 파리의 에펠 탑을 흉내 내어 세운 도쿄 타워, 미국 디즈니랜드를 본뜬 도쿄 디즈니랜드 등 관광 명소도 많습니다.

도쿄의 예전 이름은 에도(えど·江戶)로 도쿄 토박이를 '에돗코'라고 이릅니다.

check check

★ 히라가나 め를 모두 찾아 ○표 하세요.

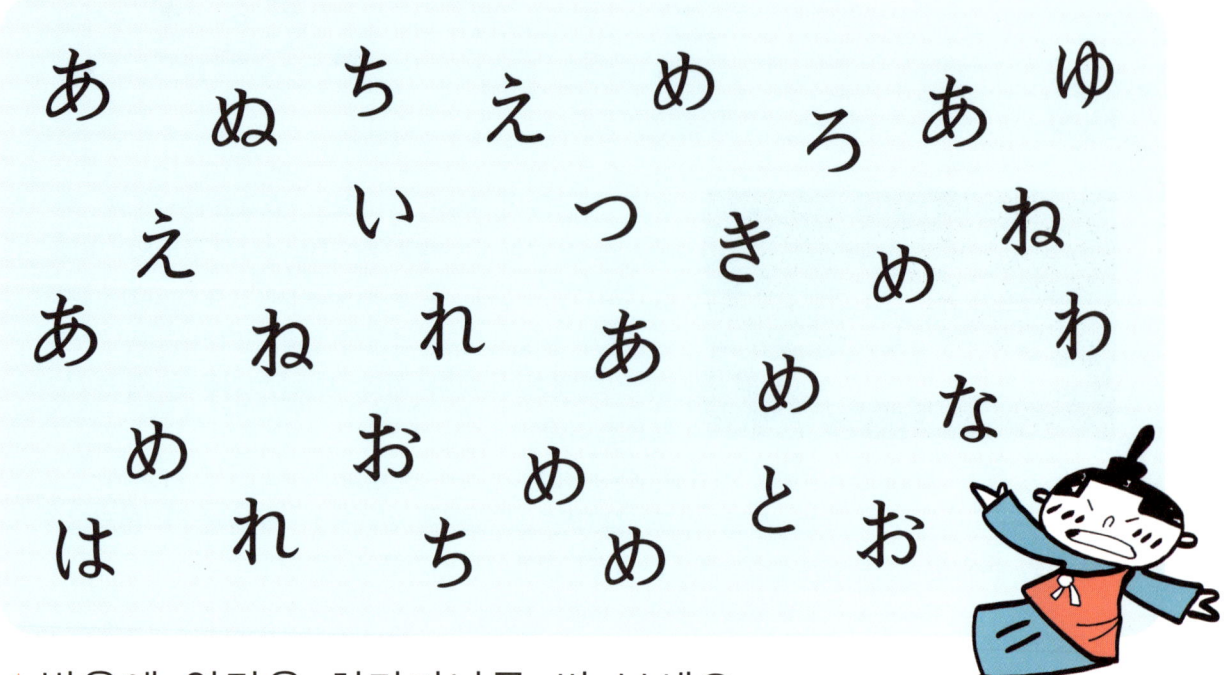

★ 발음에 알맞은 히라가나를 써 보세요.

이 [i]	카 [ka]	무 [mu]	레 [re]	소 [so]	치 [chi]	유 [yu]	오 [o]
후 [fu]	니 [ni]	쿠 [ku]	세 [se]	츠 [tsu]	마 [ma]	로 [ro]	케 [ke]
사 [sa]	라 [ra]	테 [te]	히 [hi]	루 [ru]	아 [a]	메 [me]	누 [nu]
에 [e]	네 [ne]	스 [su]	우 [u]	키 [ki]	야 [ya]	리 [ri]	하 [ha]

★ 발음에 알맞은 히라가나가 쓰인 칸에 색칠하세요.

이 [i]		마 [ma]		호 [ho]		토 [to]	
り	い	ま	よ	は	ほ	と	そ

메 [me]		네 [ne]		키 [ki]		타 [ta]	
め	ぬ	わ	ね	き	さ	に	た

★ 히라가나에 알맞은 발음을 찾아 선으로 이으세요.

せ　よ　わ　に　こ　へ　み　つ

와[wa]　코[ko]　미[mi]　세[se]　니[ni]　츠[tsu]　헤[he]　요[yo]

け　う　ぬ　し　ほ　れ　え　と

우[u]　케[ke]　호[ho]　레[re]　에[e]　누[nu]　토[to]　시[shi]

 **が행** [탁음]

「が, ぎ, ぐ, げ, ご」는 「か」행에 탁음 부호(゛)를 붙인 것으로 성대를 울려 발음하는 유성음이다. 우리말의 「가, 기, 구, 게, 고」와 비슷한 발음. ぐ는 '구'와 '그'의 중간 음.

が	ぎ	ぐ	げ	ご
가 [ga]	기 [gi]	구 [gu]	게 [ge]	고 [go]

がいこく 외국　　ぎかい 의회　　ぐあい 상태　　げんいん 원인　　ごま 참깨

 **ざ행** [탁음]

「ざ, じ, ず, ぜ, ぞ」는「さ」행에 탁음 부호를 붙인 것으로 성대를 울려 발음한다.
우리말「자, 지, 즈, 제, 조」와 비슷하다. ず는 '주'와 '즈'의 중간이되 '즈'에 가깝다.

자 [za]	지 [zi]	즈 [zu]	제 [ze]	조 [zo]

ざっし 잡지 | じぶん 자신 | ずかん 도감 | ぜひ 꼭 | ぞう 코끼리

[탁음]

「だ, ぢ, づ, で, ど」는 「た」행에 탁음 부호를 붙인 것으로 성대를 울려 발음한다. 우리말의 「다, 지, 즈, 데, 도」와 비슷한 발음이다. づ는 '주'와 '즈'의 중간이되 '즈'에 가깝다.

だ	ぢ	づ	で	ど
다 [da]	지 [zi]	즈 [zu]	데 [de]	도 [do]

| だいがく 대학 | ちぢみ 수축 | つきづき 매달 | であい 만남 | どうぶつ 동물 |

「ば, び, ぶ, べ, ぼ」는 「は」행에 탁음 부호를 붙인 것으로 성대를 울려 발음한다.
우리말의 「바, 비, 부, 베, 보」와 비슷한 발음이다.

[탁음]

ば	び	ぶ	べ	ぼ
바 [ba]	비 [bi]	부 [bu]	베 [be]	보 [bo]

| ばしょ 장소 | びじん 미인 | ぶぶん 부분 | べんとう 도시락 | ぼうし 모자 |

 **ぱ**행 [반탁음]

「ぱ, ぴ, ぷ, ぺ, ぽ」는 입술을 다물었다 터뜨리듯 발음하는 반탁음으로 우리말의 「파, 피, 푸, 페, 포」와 비슷하다. 단, 어중이나 어말에서는 「빠, 삐, 뿌, 뻬, 뽀」로 발음한다.

ぱ	ぴ	ぷ	ぺ	ぽ
파 [pa]	피 [pi]	푸 [pu]	페 [pe]	포 [po]

| はっぱ 잎사귀 | えんぴつ 연필 | てんぷら 튀김 | たんぺん 단편 | たんぽぽ 민들레 |

요음(拗音 ようおん) や, ゅ, ょ

「や, ゅ, ょ」를 「ゃ, ゅ, ょ」로 작게 써서 다른 가나(い단 글자 가운데 い를 제외한 き, ぎ, し, じ, ち, ぢ, に, ひ, び, み, り)에 붙여 쓰는 반모음. 우리말의 「ㅑ, ㅠ, ㅛ」에 가깝다.

きゃ	きゅ	きょ	しゃ	しゅ
캬 [kya]	큐 [kyu]	쿄 [kyo]	샤 [sha]	슈 [shu]

きゃく 손님 | きゅうか 휴가 | きょり 거리 | しゃしん 사진 | しゅくだい 숙제

[요음]

しょ	ちゃ	ちゅ	ちょ	にゃ
쇼 [sho]	챠 [cha]	츄 [chu]	쵸 [cho]	냐 [nya]
しょ	ちゃ	ちゅ	ちょ	にゃ
しょ	ちゃ	ちゅ	ちょ	にゃ
しょ	ちゃ	ちゅ	ちょ	にゃ
しょ	ちゃ	ちゅ	ちょ	にゃ
しょ	ちゃ	ちゅ	ちょ	にゃ
しょり 처리	ちゃいろ 다색	ちゅうい 주의(注意)	ちょうし 상태	はんにゃ 반야

[요음]

にゅ	にょ	ひゃ	ひゅ	ひょ
뉴 [nyu]	뇨 [nyo]	햐 [hya]	휴 [hyu]	효 [hyo]

にゅうしゃ 입사　にょう 오줌　ひゃく 백(百)　　　ひょうし 표지

[요음]

みゃ	みょ	りゃ	りゅ	りょ
먀 [mya]	묘 [myo]	랴 [rya]	류 [ryu]	료 [ryo]
みゃ	みょ	りゃ	りゅ	りょ
みゃ	みょ	りゃ	りゅ	りょ
みゃ	みょ	りゃ	りゅ	りょ
みゃ	みょ	りゃ	りゅ	りょ
みゃ	みょ	りゃ	りゅ	りょ
みゃく 맥	みょうぎ 묘기	りゃくず 약도	りゅうし 입자	りょこう 여행

*みゅ는 사용 빈도가 적어 생략했습니다.

[요음]

ぎゃ	ぎゅ	ぎょ	じゃ	じゅ
갸 [gya]	규 [gyu]	교 [gyo]	쟈 [ja]	쥬 [ju]
ぎゃ	ぎゅ	ぎょ	じゃ	じゅ
ぎゃく 역(逆)	ぎゅうにゅう 우유	ぎょうぎ 예의	じゃり 자갈	じゅう 10

35

[요음]

じょ	びゃ	びょ	ぴゃ	ぴょ
죠 [jo]	뱌 [bya]	뵤 [byo]	퍄 [pya]	표 [pyo]
じょ	びゃ	びょ	ぴゃ	ぴょ
じょ	びゃ	びょ	ぴゃ	ぴょ
じょ	びゃ	びょ	ぴゃ	ぴょ
じょ	びゃ	びょ	ぴゃ	ぴょ
じょ	びゃ	びょ	ぴゃ	ぴょ
じょし 여자	よんびゃく 4백	びょういん 병원	ろっぴゃく 6백	はっぴょう 발표

*びゅ, ぴゅ는 사용 빈도가 적어 생략했습니다.

촉음(促音 そくおん) っ

촉음 「っ」는 우리말 받침과 비슷하며, 글자 사이에 「っ」를 작게 써서 표시한다. 「っ」는 뒤에 오는 음에 따라 발음이 달라진다.
① か행(か, き, く, け, こ) 앞에 오면 [k(ㄱ)]로 발음한다.
② さ행(さ, し, す, せ, そ) 앞에 오면 [s(ㅅ)]로 발음한다.
③ た행(た, ち, つ, て, と) 앞에 오면 [t(ㄷ)]로 발음한다.
④ ぱ행(ぱ, ぴ, ぷ, ぺ, ぽ) 앞에 오면 [p(ㅂ)]로 발음한다.

   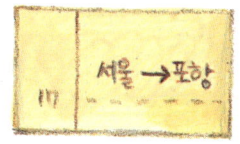

がっこう	ざっし	きって	きっぷ
[가ㄱ꼬-] 학교 school	[자ㅅ시] 잡지 magazine	[키ㄷ떼] 우표 stamp	[키ㅂ뿌] 차표 ticket

・발음(撥音 はつおん/はねるおと) ん・

발음 「ん」는 우리말 받침과 비슷한 역할을 하지만, 우리말과 달리 하나의 음절 길이를 갖는다. 「ん」는 뒤에 오는 음에 따라 발음(發音)이 달라진다.
① さ행, ざ행, た행, だ행, な행, ら행 앞에 오면 [n(ㄴ)]로 발음한다.
② ま행, ば행, ぱ행 앞에 오면 [m(ㅁ)]로 발음한다.
③ か행, が행 앞에 오면 [ŋ(ㅇ)]로 발음한다.
④ 위의 세 경우를 제외한 모든 경우, ん이 마지막 글자일 경우, 콧소리 모음으로 발음한다.

おんな	とんぼ	けんか	でんわ	ほん
[온나] 여자 woman	[톰보] 잠자리 dragonfly	[겡까] 싸움 fight	[뎅와] 전화 telephone	[홍] 책 book

장음(長音 ちょうおん)

우리말에서는 장음을 따로 표기하지 않지만 일본어에서는 장음을 글자로 나타낸다. 음의 장·단에 따라 뜻이 달라지는 경우도 많으므로 특히 주의해야 한다. 다음은 대표적인 장음 표기의 예이다.

① あ단 장음은 あ행의 가나에 「あ」를 붙여서 쓴다.
② い단 장음은 い행의 가나에 「い」를 붙여서 쓴다.
③ う단 장음은 う행의 가나에 「う」를 붙여서 쓴다.
④ え단 장음은 え행의 가나에 「え」 또는 「い」를 붙여서 쓴다.
⑤ お단 장음은 お행의 가나에 「お」 또는 「う」를 붙여서 쓴다.
⑥ あ단 요음(ゃ)의 장음은 あ단 요음(ゃ)의 가나에 「あ」를 붙여서 쓴다.
⑦ う단 요음(ゅ)의 장음은 う단 요음(ゅ)의 가나에 「う」를 붙여서 쓴다.
⑧ お단 요음(ょ)의 장음은 お단 요음(ょ)의 가나에 「う」를 붙여서 쓴다.

あ를 붙여 장음을 만들어요.

やあ

おかあさん	おばあさん	ばあい	やあ
[오까-상] 어머니 mother	[오바-상] 할머니 grandmother	[바-이] 경우 case	[야-] 감탄사
おかあさん	おばあさん	ばあい	やあ
おかあさん	おばあさん	ばあい	やあ
おかあさん	おばあさん	ばあい	やあ
おかあさん	おばあさん	ばあい	やあ

[장음]

おおきい	ちいさい	きいろい
[오-끼-] 크다 big	[치-사이] 작다 small	[키-로이] 노랗다 yellow
おおきい	ちいさい	きいろい
おおきい	ちいさい	きいろい

くうき	すうがく	ふうせん	ゆうべ
[쿠-끼] 공기 air	[스-가꾸] 수학 mathematics	[후-셍] 풍선 balloon	[유-베] 저녁때 evening
くうき	すうがく	ふうせん	ゆうべ
くうき	すうがく	ふうせん	ゆうべ

[장음]

おねえさん	がくせい	せんせい	とけい
[오네-상] 언니, 누나 elder sister	[가꾸세-] 학생 student	[센세-] 선생님 teacher	[토께-] 시계 clock
おねえさん	がくせい	せんせい	とけい
おねえさん	がくせい	せんせい	とけい

どうぶつ	ほうれんそう	こおり
[도-부쯔] 동물 animal	[호-렌쇼-] 시금치 spinach	[코-리] 얼음 ice
どうぶつ	ほうれんそう	こおり
どうぶつ	ほうれんそう	こおり

[장음]

きゃあ きゃあ	ぎゅうにゅう	ちょう
[kya-kya-] 깔깔	[규-뉴-] 우유 milk	[쵸-] 나비 butterfly

じょうき	きょうだい	りょうり
[죠-끼] 수증기 steam	[쿄-다이] 형제 brothers	[료-리] 요리 cooking

가타카나 자원字源과 발음

	ア단	イ단	ウ단	エ단	オ단
ア행	ア 阿 아 (a)	イ 伊 이 (i)	ウ 宇 우 (u)	エ 江 에 (e)	オ 於 오 (o)
カ행	カ 加 카 (ka)	キ 幾 키 (ki)	ク 久 쿠 (ku)	ケ 介 케 (ke)	コ 己 코 (ko)
サ행	サ 散 사 (sa)	シ 之 시 (shi)	ス 須 스 (su)	セ 世 세 (se)	ソ 曾 소 (so)
タ행	タ 多 타 (ta)	チ 千 치 (chi)	ツ 川 츠 (tsu)	テ 天 테 (te)	ト 止 토 (to)
ナ행	ナ 奈 나 (na)	ニ 仁 니 (ni)	ヌ 奴 누 (nu)	ネ 祢 네 (ne)	ノ 乃 노 (no)
ハ행	ハ 八 하 (ha)	ヒ 比 히 (hi)	フ 不 후 (fu)	ヘ 部 헤 (he)	ホ 保 호 (ho)
マ행	マ 末 마 (ma)	ミ 三 미 (mi)	ム 牟 무 (mu)	メ 女 메 (me)	モ 毛 모 (mo)
ヤ행	ヤ 也 야 (ya)		ユ 由 유 (yu)		ヨ 与 요 (yo)
ラ행	ラ 良 라 (ra)	リ 利 리 (ri)	ル 流 루 (ru)	レ 礼 레 (re)	ロ 呂 로 (ro)
ワ행	ワ 和 와 (wa)				ヲ 乎 오 (o/wo)
	ン 爾 응 (n/m/ŋ/N)				

 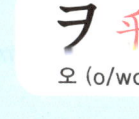

[청음]

「ア, イ, ウ, エ, オ」는 단모음으로 우리말의 「아, 이, 우, 에, 오」보다 입을 약간 작게 벌린다. エ는 '에'와 '애'의 중간 음, ウ는 '우'와 '으'의 중간이되 '으'에 가깝다.

ア	イ	ウ	エ	オ
아 [a]	이 [i]	우 [u]	에 [e]	오 [o]

- ア: マ와 같음 / 중심에 주의
- イ: 거의 중앙 가까이
- ウ: 약간 길게
- エ
- オ: 중심선보다 약간 오른쪽

| アーチ 아치 | イエス 예수 | ウール 양모 | エキス 농축액 | オーブン 오븐 |

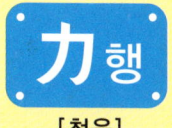 **힝**

[청음]

「カ, キ, ク, ケ, コ」는 우리말 「카, 키, 쿠, 케, 코」와 비슷하게 발음하되 어중이나 어말에서는 「까, 끼, 꾸, 께, 꼬」에 가깝다. ク는 '쿠'와 '크'의 중간 음.

カ	キ	ク	ケ	コ
카 [ka]	키 [ki]	쿠 [ku]	케 [ke]	코 [ko]

- カ: 방향에 주의
- キ: 위로 치켜 오른다. / 거의 직각으로 교차한다.
- ク: 접촉 부위에 주의 / 끝이 벌어진다.
- ケ: 방향에 주의
- コ: 약간 비스듬히

カメラ 카메라 キス 키스 クラス 학급 ケーキ 케이크 コート 코트

 **サ행** [청음]

「サ, シ, ス, セ, ソ」는 우리말 「사, 시, 스, 세, 소」와 비슷하게 발음한다. シ는 '쉬'에 가까운 '시', ス는 '수'와 '스'의 중간 음.

サ	シ	ス	セ	ソ
사 [sa]	시 [shi]	스 [su]	세 [se]	소 [so]
오른쪽이 약간 높다. / 왼쪽으로 휘어지게	3은 1의 바로 밑에서	약간 오른쪽으로 어깨가 올라간다.	약간 오른쪽으로 올라간다. / 가로로	높이에 주의

サークル 서클   シーソー 시소   スポンジ 스폰지   セーター 스웨터   ソース 소스

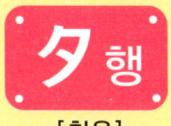 **행** [청음]

「タ, テ, ト」는 어두에서는 「타, 테, 토」에 가깝게, 어중이나 어말에서는 「따, 떼, 또」에 가깝다. チ는 '치'와 '찌'의 중간이되 '치'에 가깝고, ツ는 'ㅊ' 'ㅉ' 'ㅆ'의 복합 음.

タ	チ	ツ	テ	ト
타 [ta]	치 [chi]	츠 [tsu]	테 [te]	토 [to]

タイヤ 타이어   チーム 팀   ツーピース 투피스   テープ 테이프   トースト 토스트

ナ행 [청음]

「ナ, ニ, ヌ, ネ, ノ」는 우리말의 「나, 니, 누, 네, 노」에 가깝다. 단, ヌ는 '누'와 '느'의 중간 음.

ナ	ニ	ヌ	ネ	ノ
나 [na]	니 [ni]	누 [nu]	네 [ne]	노 [no]

ナ: 中心보다 약간 오른쪽으로
ニ: 길이의 관계에 주의
ヌ: 약간 어깨가 올라간다. 길이 알맞게. 너무 길어도 안 된다.
ネ: 오른쪽으로 어깨가 올라간다. 균형에 주의
ノ: 거의 90° 각도

ナイフ 나이프 ニグロ 니그로 ヌード 누드 ネオン 네온 ノート 노트

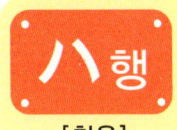

[청음]

「ハ, ヒ, フ, ヘ, ホ」는 우리말의 「하, 히, 후, 헤, 호」와 비슷하다. ハ, ヘ가 조사로 쓰일 때는 [wa], [e]로 발음한다. フ는 '후'와 '흐'의 중간이되 '흐'에 가깝게 발음한다.

ハ	ヒ	フ	ヘ	ホ
하 [ha]	히 [hi]	후 [fu]	헤 [he]	호 [ho]
위가 서로 좁게 / 아래가 벌어진다.	약간 오른쪽으로 어깨가 올라감. / 위의 것보다는 길게	길이에 주의	모나지 않게 / 각도에 주의 / 너무 아래로 처지지 않게	

ハーモニー 하모니   ヒーロー 히어로   フィルム 필름   ヘア 헤어   ホイル 포일

**[청음]**

「マ, ミ, ム, メ, モ」는 우리말의 「마, 미, 무, 메, 모」와 거의 비슷하다. ム는 '무'와 '므'의 중간 음.

マ	ミ	ム	メ	モ
마 [ma]	미 [mi]	무 [mu]	메 [me]	모 [mo]
2등변 세모꼴	아래로 내려갈수록 크게 / 등간선(等間線)	세모꼴로 / 더 내려가지 않게	알맞은 길이로	약간 오른쪽으로 어깨가 올라가면서 길다. / 등간선(等間線) / 1과 3의 길이를 가지런히

マイナス 마이너스   ミルク 밀크   ムード 무드   メーカー 메이커   モニター 모니터

[청음]

「ヤ, ユ, ヨ」는 이중 모음으로 우리말의 「야, 유, 요」와 거의 비슷하다. 단, ヨ는 입술을 앞으로 내밀지 않고 발음해야 한다.

ヤ	ヤ	ユ	ユ	ヨ
야 [ya]		유 [yu]		요 [yo]

약간 오른쪽 어깨쪽으로 올라간다.
거의 직각으로 교차한다.
세로로 길게 비스듬히

ヤード 야드   ヤンキー 양키   ユーターン 유턴   ユーフォー UFO   ヨーヨー 요요

 **행** [청음]

「ラ, リ, ル, レ, ロ」는 우리말의 「라, 리, 루, 레, 로」와 거의 비슷하다. ル는 '루'와 '르'의 중간 음.

ラ	リ	ル	レ	ロ
라 [ra]	리 [ri]	루 [ru]	레 [re]	로 [ro]

| ライフ 라이프 | リーダー 리더 | ルート 루트 | レポート 리포트 | ロボット 로봇 |

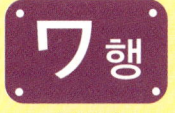 **ワ행** [청음]

「ワ」는 우리말「와」와 거의 비슷하며 이중 모음.「ヲ」는 히라가나「を」에 해당하지만 거의 쓰이지 않는다.「ン」는 50음에 속하지 않는 특별 문자로 받침 역할을 한다.

ワ	ヲ	ン	ン	ヴ
와 [wa]	오 [o]	응 [m/n/ŋ/N]		브 [v]
길이에 주의	조금 위로 어깨가 올라가게	위 점의 바로 밑부분에서 쓰기 시작		

| ワイヤ 와이어 | 목적격 조사 | ワンマン 원맨 | パン 빵 | ヴィーン 빈 |

*ヴ는 일본어에 없는 자음 [v]을 표기하기 위한 것으로 일부 외래어에 허용된다. ウィーン=ヴィーン

헷갈리기 쉬운 가타카나

ア	マ	ウ	ワ	エ	ユ	ク	タ
아 [a]	마 [ma]	우 [u]	와 [wa]	에 [e]	유 [yu]	쿠 [ku]	타 [ta]

コ	ヨ	サ	ナ	シ	ツ	ス	ヌ
코 [ko]	요 [yo]	사 [sa]	나 [na]	시 [shi]	츠 [tsu]	스 [su]	누 [nu]

ソ	ン	チ	ナ	ニ	テ	ラ	フ
소 [so]	응 [ŋ]	치 [chi]	나 [na]	니 [ni]	테 [te]	라 [ra]	후 [fu]

ノ	メ	ヌ	リ	ル	レ	セ	ヤ
노 [no]	메 [me]	누 [nu]	리 [ri]	루 [ru]	레 [re]	세 [se]	야 [ya]

check check

★ 가타카나 ス를 모두 찾아 O표 하세요.

ヌ ス ニ ヒ レ ラ マ ス
ソ サ ス ワ セ ヌ
チ ソ ア ナ ン ス ユ ス ハ
ネ ス ロ
ス オ レ ミ ホ

★ 발음에 알맞은 가타카나를 써 보세요.

이 [i]	카 [ka]	무 [mu]	레 [re]	소 [so]	치 [chi]	유 [yu]	오 [o]
후 [fu]	니 [ni]	야 [ya]	세 [se]	츠 [tsu]	마 [ma]	로 [ro]	케 [ke]
사 [sa]	라 [ra]	테 [te]	히 [hi]	루 [ru]	아 [a]	메 [me]	누 [nu]
에 [e]	네 [ne]	스 [su]	우 [u]	키 [ki]	쿠 [ku]	리 [ri]	하 [ha]

★ 발음에 알맞은 가타카나가 쓰인 칸에 색칠하세요.

메 [me]		츠 [tsu]		타 [ta]		우 [u]	
ヌ	メ	ツ	シ	ク	タ	ウ	ワ

야 [ya]		소 [so]		마 [ma]		에 [e]	
ヤ	セ	ン	ソ	マ	ア	ユ	エ

★ 알맞은 가타카나를 찾아 선으로 이으세요.

タ　ナ　ア　メ　ル　フ　ス　ク

루[ru]　타[ta]　스[su]　나[na]　쿠[ku]　아[a]　메[me]　후[fu]

セ　ヨ　ワ　ニ　コ　ヒ　ミ　ツ

와[wa]　고[ko]　미[mi]　세[se]　니[ni]　츠[tsu]　히[hi]　요[yo]

[탁음]

「ガ, ギ, グ, ゲ, ゴ」는 성대를 울려 발음하는 유성음으로 우리말의 「가, 기, 구, 게, 고」와 비슷하다. グ는 '구'와 '그'의 중간 음.

ガ	ギ	グ	ゲ	ゴ
가 [ga]	기 [gi]	구 [gu]	게 [ge]	고 [go]

ガイド 가이드　ギター 기타　グループ 그룹　ゲーム 게임　ゴール 골

 행

[탁음]

「ザ, ジ, ズ, ゼ, ゾ」는 성대를 울려 발음하는 유성음으로 우리말의 「자, 지, 주, 제, 조」와 비슷하다. ズ는 '주'와 '즈'의 중간 음.

ザ	ジ	ズ	ゼ	ゾ
자 [za]	지 [zi]	즈 [zu]	제 [ze]	조 [zo]

ザイン 존재 ジープ 지프 ズボン 바지 ゼロ 제로 ゾーン 구역

[탁음]

「ダ, ヂ, ヅ, デ, ド」는「タ」행에 탁음 부호를 붙인 것으로 성대를 울려 발음한다. 우리말의「다, 지, 즈, 데, 도」와 비슷한 발음이다. ヅ는 '주'와 '즈'의 중간이되 '즈'에 가깝다.

ダ	ヂ	ヅ	デ	ド
다 [da]	지 [zi]	즈 [zu]	데 [de]	도 [do]

ダイヤ 다이아몬드　　　　　　　　　デカダン 퇴폐적　ドラマ 드라마

バ행
[탁음]

「バ, ビ, ブ, ベ, ボ」는 「ハ」행에 탁음 부호를 붙인 것으로 성대를 울려 발음한다. 우리말의 「바, 비, 부, 베, 보」와 비슷한 발음이다.

バ	ビ	ブ	ベ	ボ
바 [ba]	비 [bi]	부 [bu]	베 [be]	보 [bo]

バ	ビ	ブ	ベ	ボ

バ バ	ビ ビ	ブ ブ	ベ ベ	ボ ボ
バ バ	ビ ビ	ブ ブ	ベ ベ	ボ ボ
バ バ	ビ ビ	ブ ブ	ベ ベ	ボ ボ
バ バ	ビ ビ	ブ ブ	ベ ベ	ボ ボ

バイヤー 바이어	ビーカー 비커	ブーム 붐	ベーコン 베이컨	ボーナス 보너스

パ행 [반탁음]

「パ, ピ, プ, ペ, ポ」는 입술을 다물었다 터뜨리듯 발음하는 반탁음으로 우리말의 「파, 피, 푸, 페, 포」와 비슷하다. 단, 어중이나 어말에서는 「빠, 삐, 뿌, 뻬, 뽀」로 발음한다.

パ	ピ	プ	ペ	ポ
파 [pa]	피 [pi]	푸 [pu]	페 [pe]	포 [po]

パズル 퍼즐   ピエロ 피에로   プール 수영장   ペスト 흑사병   ポーカー 포커

요음(拗音ようおん) ャ, ュ, ョ

「ャ, ュ, ョ」를 「ャ, ュ, ョ」로 작게 써서 다른 가나(イ단 글자 가운데 イ를 제외한 キ, ギ, シ, ジ, チ, ヂ, ニ, ヒ, ビ, ミ, リ)에 붙여 쓰는 반모음. 우리말의 「ㅑ, ㅠ, ㅛ」에 해당한다.

キャ	キュ	キョ	シャ	シュ
캬 [kya]	큐 [kyu]	쿄 [kyo]	샤 [sha]	슈 [shu]
キャ	キュ	キョ	シャ	シュ
キャ	キュ	キョ	シャ	シュ
キャ	キュ	キョ	シャ	シュ
キャ	キュ	キョ	シャ	シュ
キャ	キュ	キョ	シャ	シュ
キャスター 캐스터	キューバ 쿠바		シャツ 셔츠	シューズ 슈즈

[요음]

ショ	チャ	チュ	チョ	ニャ
쇼 [sho]	챠 [cha]	쥬 [chu]	쵸 [cho]	냐 [nya]
ショ	チャ	チュ	チョ	ニャ
ショ	チャ	チュ	チョ	ニャ
ショ	チャ	チュ	チョ	ニャ
ショ	チャ	チュ	チョ	ニャ
ショ	チャ	チュ	チョ	ニャ
ショック 쇼크	チャンス 기회	チューバ 튜바	チョコレート 초콜릿	

[요음]

ニュ	ニョ	ヒャ	ヒュ	ヒョ
뉴 [nyu]	뇨 [nyo]	햐 [hya]	휴 [hyu]	효 [hyo]
ニュ	ニョ	ヒャ	ヒュ	ヒョ

ニュース 뉴스　エルニーニョ 엘니뇨　　ヒューズ 퓨즈

[요음]

ミャ	ミュ	ミョ	リャ	リュ
먀 [mya]	뮤 [myu]	묘 [myo]	랴 [rya]	류 [ryu]
ミャ	ミュ	ミョ	リャ	リュ
ミャ	ミュ	ミョ	リャ	リュ
ミャ	ミュ	ミョ	リャ	リュ
ミャ	ミュ	ミョ	リャ	リュ
ミャ	ミュ	ミョ	リャ	リュ
ミャオぞく 묘족	ミューズ 뮤즈		リャノス 야노스	リューマチ 류머티즘

∗ 묘족: 중국의 소수 민족. =먀오 족
∗ 야노스(Lianos): 남아메리카 북부의 초원 지대

[요음]

リョ	ギャ	ギュ	ギョ	ジャ
료 [ryo]	갸 [gya]	규 [gyu]	교 [gyo]	쟈 [ja]
リョ	ギャ	ギュ	ギョ	ジャ
リョ	ギャ	ギュ	ギョ	ジャ
リョ	ギャ	ギュ	ギョ	ジャ
リョ	ギャ	ギュ	ギョ	ジャ
リョ	ギャ	ギュ	ギョ	ジャ
	ギャグ 개그		ギョーザ 교자	ジャブ 잽

[요음]

ジュ	ジョ	ビャ	ビュ	ビョ
쥬 [ju]	죠 [jo]	뱌 [bya]	뷰 [byu]	뵤 [byo]
ジュ	ジョ	ビャ	ビュ	ビョ

ジュニア 주니어 | ジョーク 농담 | | ビュッフェ 뷔페 |

[요음]

ピャ	ピュ	ピョ
퍄 [pya]	퓨 [pyu]	표 [pyo]
ピャ	ピュ	ピョ
ピャ	ピュ	ピョ
ピャ	ピュ	ピョ
ピャ	ピュ	ピョ
ピャ	ピュ	ピョ
	ピューマ 퓨마	

재미있는 신종 일본어

★ パソコン   PC(개인용 컴퓨터)
★ ケタイ   핸드폰
★ コンビニ   편의점
★ モジツー
  핸드폰 문자 메시지를 주고받음
★ ナビる   길안내하다
★ キモい   기분이 나쁘다
★ ゲロゲロ   짜증나다
★ むしる   무시하다
★ スタンバる   준비가 끝나다
★ キクリエ   요요 현상
★ ワキドキする   두근두근하다
★ まじ   정말 (まじめ의 줄임말)
★ オレ様(さま)
  자기 의견만 옳다고 여기는 사람
★ おでタレ   대머리 탤런트
★ タイト   멋지다. 쓸만하다
★ TIPS   부모에게 기대는 자녀들
★ ギャル車(しゃ)   소형 자동차
★ チョベリバ   최악의 상태
★ チョベリグ   최고의 상태
★ チンする   전자레인지로 조리하다
★ シネコン   복합 영화관
★ すぐやめ社員(しゃいん)
  입사하자마자 스스로 퇴사하는 젊은이들
★ こま(困)ったひと
  같이 일하기 힘든/싫은 사람
★ ひふみ(一二三)ちゃん
  약간 통통한 젊은 여성
★ タオラー
  흰 타월을 머리에 걸치듯이 쓰고 다니는 젊은이
★ チャイドル
  15세 미만의 어린이 아이돌 스타

촉음(促音 そくおん) ッ

촉음 「ッ」는 우리말 받침과 비슷하며, 글자 사이에 「ッ」를 작게 써서 표시한다.
「ッ」는 뒤에 오는 음에 따라 발음이 달라진다.
①カ행(カ, キ, ク, ケ, コ) 앞에 오면 [k(ㄱ)]로 발음한다.
②サ행(サ, シ, ス, セ, ソ) 앞에 오면 [s(ㅅ)]로 발음한다.
③タ행(タ, チ, ツ, テ, ト) 앞에 오면 [t(ㄷ)]로 발음한다.
④パ행(パ, ピ, プ, ペ, ポ) 앞에 오면 [p(ㅂ)]로 발음한다.

サッカー	レッスン	ベッド	スリッパ
[사ㄱ까-] 축구 football	[레ㅅ슨] 레슨 lesson	[베ㄷ도] 침대 bed	[슬리ㅂ빠] 슬리퍼 slippers

•발음(撥音 はつおん/はねるおと) ン•

발음 「ン」는 우리말 받침과 비슷한 역할을 하지만, 우리말과 달리 하나의 음절 길이를 갖는다.
「ン」는 뒤에 오는 음에 따라 발음이 달라진다.

①サ행, ザ행, タ행, ダ행, ナ행, ラ행 앞에 오면 [n(ㄴ)]로 발음한다.
②マ행, バ행, パ행 앞에 오면 [m(ㅁ)]로 발음한다.
③カ행, ガ행 앞에 오면 [ŋ(ㅇ)]로 발음한다.
④위의 세 경우를 제외한 모든 경우, 「ン」이 마지막 글자일 경우, 콧소리 모음으로 발음한다.

ベンチ	コンパス	ペンギン	パン
[벤찌] 벤치 bench	[콤파스] 컴퍼스 compass	[펭깅] 펭귄 penguin	[팡] 빵 bread

장음(長音 ちょうおん) ー

외래어 등을 표기하는 데 쓰는 가타카나의 경우, 히라가나의 경우와 달리 「ー」로 장음을 나타낸다. 외래어는 특히 장음이 많으므로 주의해야 한다.

カード	ラーメン	ハート	パーティー
[카-도] 카드 card	[라-멩] 라면 instant noodles	[하-또] 하트 heart	[파-띠-] 파티 party

ハーモニカ	マーケット	ワークブック
[하-모니까] 하모니카 harmonica	[마-께드또] 시장 market	[와-꾸부ㄱ꾸] 워크북 workbook

[장음]

キーウィ	シーソー	パンジー	チーズ
[키-위] 키위 kiwi	[시-소-] 시소 seesaw	[판지-] 팬지 pansy	[치-즈] 치즈 cheese

スープ	ムービ	ジュース	プール
[스-뿌] 수프 soup	[무-비-] 영화 movie	[쥬-스] 주스 juice	[푸-루] 수영장 pool

[장음]

ケーキ	テーブル	チョコレート
[케-끼] 케이크 cake	[테-부루] 테이블 table	[쵸꼬레-또] 초콜릿 chocolate
ケーキ	テーブル	チョコレート
ケーキ	テーブル	チョコレート

ソーセージ	ドーナツ	コート	コーヒー
[소-세-지] 소시지 sausage	[도-나쯔] 도넛 doughnut	[코-또] 코트 coat	[코-히-] 커피 coffee
ソーセージ	ドーナツ	コート	コーヒー
ソーセージ	ドーナツ	コート	コーヒー

[장음]

リヤカー	スニーカー	シャワー	マフラー
[리야까-] 리어카 handcart	[스니-까-] 스니커 sneakers	[샤와-] 샤워 shower	[마후라-] 머플러 muffler
リヤカー	スニーカー	シャワー	マフラー
リヤカー	スニーカー	シャワー	マフラー

カレンダー	ビーバー	ギター	ポピー
[카렌다-] 달력 calendar	[비-바-] 비버 beaver	[기따-] 기타 guitar	[포삐-] 양귀비 poppy
カレンダー	ビーバー	ギター	ポピー
カレンダー	ビーバー	ギター	ポピー

일본 명절 및 행사

설날 (おしょうがつ・お正月)

:: 1월 1일
우리의 설과 같이 새해의 출발을 축하하는 명절.
우리는 음력 설을 쇠지만 일본에서는 양력 설을 쇤다.
온 가족이 모여 일본식 떡국인 오조니(おぞうに)와 병을 물리치는 약술 오토소(おとそ)를 먹고 새해 인사를 한다. 세뱃돈 오토시다마(おとしだま)도 건넨다. 우리가 복조리를 달듯이 일본에서는 대문 양옆에 새해를 축하하는 소나무 장식 가토마쓰(かとまつ)를 세워 둔다.

세쓰분 (せつぶん・節分)

:: 2월 3일경
우리의 정월 대보름과 비슷하다. 밤에 집 안팎에 콩을 뿌리며 "귀신은 밖으로, 복은 안으로"라고 외친다. 뿌리고 남은 콩은 온 가족이 각자 자기 나이 수만큼 먹는다.

히나마쓰리 (ひなまつり)

:: 3월 3일
여자아이가 있는 가정에서 집 안에 인형을 장식하고 아이의 건강과 행복을 기원한다. 3월 3일 당일이나 전날 밤에 친척이나 친구들을 초대하여 파티를 열기도 한다.

오하나미 (おはなみ・お花見)

:: 3~4월
야외에서 벚꽃을 즐기는 일본의 대중적인 행사로 우리의 '벚꽃놀이'에 해당한다. 남북으로 길게 뻗은 수많은 섬으로 이루어진 일본은 벚꽃 피는 시기가 일정하지 않아 대개 음력 3월 3일부터 4월 8일 무렵까지 실시된다. 원래는 개인의 취미나 풍류 행사가 아니고 농사의 시작에 앞서 화덕을 설치하고 음식을 해 먹는 행사였다.

단고노셋쿠(たんごのせっく · 端午の節句)

∷ 5월 5일

5월 5일은 우리와 마찬가지로 어린이날이다. 아울러 단오절, 즉 단고노셋쿠라 하여 남자아이의 건강을 기원하는 날이기도 하다. 집 밖에 잉어 모양의 고이노보리(こいのぼり)를, 집 안에는 무사 인형을 장식한다.

다나바타(たなばた · 棚機)

∷ 7월 7일

우리의 칠월 칠석과 같은 명절. 소원을 적은 종이쪽지를 나무에 단다.

시치고산(しちごさん · 七五三)

∷ 11월 15일

남자아이는 3세 · 5세, 여자아이는 3세 · 7세가 되는 해 11월 15일에 때때옷을 입고 조상신에게 참배한다.

마쓰리(まつり · 祭り)

일본은 '마쓰리의 나라'라고 해도 과언이 아닐 만큼 일년 내내 전국 곳곳에서 마쓰리가 열린다. 마쓰리가 열리는 동안에는 일상생활에서 벗어나 신과 만나고 삶의 활력을 찾는다.
'마쓰리(祭り)'는 '祭る(제사를 지내다)'의 명사형으로, 원래는 신에게 제사를 지내는 것을 말하며 그 의식을 가리키는 말이기도 하다. 즉, 신에게 희생물을 바치고 제사를 올리는 집단 제사 의식에서 비롯된 축제다.
현재 일반적인 의미로서의 '마쓰리'는 신사나 절을 주체 혹은 무대로 하는 경우가 많다. 의식에서는 풍자, 풍이, 시업 빈칭, 무사고, 무명상수, 가내(家內) 안전 등을 빈다.

＊ 설명 등에 쓰인 일본어 용어의 우리말 발음 표기는 국어연구원의 외래어(일본어) 표기법에 따랐습니다. 이 책에서 편의상 곁들인 발음 표기와는 다를 수 있습니다. 당고노세ㄱ꾸 → 단고노셋쿠(국립국어원)

★핵심 생활 어휘★

[아미] 그물 net	あみ あみ			
[아메] 비 rain	あめ あめ			
[이스] 의자 chair	いす いす			
[이누] 개 dog	いぬ いぬ			
[우시] 소 cow	うし うし			
[우마] 말 horse	うま うま			
[에비] 새우 shrimp	えび えび			

★핵심 생활 어휘★

[오니] 도깨비 goblin	おに			
[카끼] 감 persimmon	かき			
[카사] 우산 umbrella	かさ			
[카바] 하마 hippo	かば			
[가무] 껌 gum	ガム			
[키꾸] 국화 chrysanthemum	きく			
[쿠모] 거미 spider	くも			

★핵심 생활 어휘★

[쿠쯔] 구두 shoes	くつ くつ			
[쿠마] 곰 bear	くま くま			
[게-무] 게임/경기 game	ゲーム ゲーム			
[코마] 팽이 top	こま こま			
[사라] 접시 dish	さら さら			
[사루] 원숭이 monkey	さる さる			
[시오] 소금 salt	しお しお			

★핵심 생활 어휘★

[시까] 사슴 deer	しか しか			
[스시] 초밥 Japanese vinegared rice	すし すし			
[스끼-] 스키 ski	スキー スキー			
[세미] 매미 cicada	せみ せみ			
[쇼라] 하늘 sky	そら そら			
[조-] 코끼리 elephant	ぞう ぞう			
[타께] 대나무 bamboo	たけ たけ			

★핵심 생활 어휘★

그림	글자			
[타꼬] 문어 octopus	たこ			
[치즈] 지도 map	ちず			
[츠끼] 달 moon	つき			
[츠리] 낚시 fishing	つり			
[테라] 절 temple	てら			
[토라] 호랑이 tiger	とら			
[도아] 문 door	ドア			

★핵심 생활 어휘★

[나시] 배 pear	なし なし			
[나베] 냄비 cook-pot	なべ なべ			
[니지] 무지개 rainbow	にじ にじ			
[누노] 옷감 cloth	ぬの ぬの			
[네기] 파 green onion	ねぎ ねぎ			
[네꼬] 고양이 cat	ねこ ねこ			
[노리] 풀 paste	のり のり			

★핵심 생활 어휘★

[하꼬] 상자 box	はこ はこ			
[바라] 장미 rose	ばら ばら			
[바스] 버스 bus	バス バス			
[히모] 끈 string	ひも ひも			
[피자] 피자 pizza	ピザ ピザ			
[빙] 병 bottle	びん びん			
[핑] 핀 pin(safety pin)	ピン ピン			

★핵심 생활 어휘★

[후네] 배 ship	ふね ふね			
[부따] 돼지 pig	ぶた ぶた			
[헤비] 뱀 snake	へび へび			
[헤소] 배꼽 navel	へそ へそ			
[베루] 벨 bell	ベル ベル			
[호시] 별 star	ほし ほし			
[호네] 뼈 bone	ほね ほね			

★핵심 생활 어휘★

[마도] 창문 window	まど まど			
[마메] 콩 bean	まめ まめ			
[미미] 귀 ear	みみ みみ			
[무시] 벌레 worm	むし むし			
[메또로] 지하철 metro/subway	メトロ メトロ			
[모찌] 떡 rice cake	もち もち			
[모모] 복숭아 peach	もも もも			

★핵심 생활 어휘★

[야기] 염소 goat	やぎ			
[야시] 야자 coconut palm	やし			
[야마] 산 mountain	やま			
[유비] 손가락 finger	ゆび			
[요루] 밤 night	よる			
[라부] 사랑 love	ラブ			
[리스] 다람쥐 squirrel	りす			

★핵심 생활 어휘★

	ルポ			
[루뽀] 르포 reportage(프)	ルポ			
[레-스] 레이스 lace	レース レース			
[레끼시] 역사 history	れきし れきし			
[로-마] 로마 Roma	ローマ ローマ			
[로바] 당나귀 donkey	ろば ろば			
[와따] 목화·솜 cotton	わた わた			
[와니] 악어 alligator	わに わに			

★핵심 생활 어휘★

[아이롱] 다리미 iron	アイロン		
[아히루] 오리 duck	あひる		
[이찌고] 딸기 strawberry	いちご		
[우사기] 토끼 rabbit	うさぎ		
[에노구] 그림물감 colors	えのぐ		
[오찌바] 낙엽 autumn leaf	おちば		
[카에루] 개구리 frog	かえる		

★핵심 생활 어휘★

[키링] 기린 giraffe	きりん きりん		
[쿠쯔시따] 양말 socks	くつした くつした		
[케시고무] 지우개 eraser	けしゴム けしゴム		
[코알라] 코알라 koala	コアラ コアラ		
[사이후] 지갑 purse	さいふ さいふ		
[샤-쯔] 셔츠 shirt	シャツ シャツ		
[스이까] 수박 watermelon	すいか すいか		

★핵심 생활 어휘★

[세-따-] 스웨터 sweater	セーター セーター		
[소바까스] 주근깨 freckle	そばかす そばかす		
[타마네기] 양파 onion	たまねぎ たまねぎ		
[타오루] 수건 towel	タオル タオル		
[탐뽀뽀] 민들레 dandelion	たんぽぽ たんぽぽ		
[다쪼-] 타조 ostrich	だちょう だちょう		
[치까라] 힘 power	ちから ちから		

★핵심 생활 어휘★

[챤스] 기회 chance	チャンス チャンス		
[츠메끼리] 손톱깎이 nailclippers	つめきり つめきり		
[테가미] 편지 letter	てがみ てがみ		
[테부꾸로] 장갑 mittens	てぶくろ てぶくろ		
[테레비] 텔레비전 television	テレビ テレビ		
[토께ー] 시계 clock	とけい とけい		
[토마또] 토마토 tomato	トマト トマト		

★핵심 생활 어휘★

[토라ㄱ꾸] 트럭 truck	トラック		
[나와또비] 줄넘기 rope-skipping	なわとび		
[나이후] 칼(커터 나이프) knife	ナイフ		
[닌징] 당근 carrot	にんじん		
[닌니꾸] 마늘 garlic	にんにく		
[누이모노] 바느질 needlework	ぬいもの		
[네즈미] 쥐 mouse	ねずみ		

★핵심 생활 어휘★

[네꾸따이] 넥타이 necktie	ネクタイ ネクタイ		
[노리마끼] 김밥 rice rolled dried laver	のりまき のりまき		
[노-또] 공책 notebook	ノート ノート		
[하꾸사이] 배추 Chinese cabbage	はくさい はくさい		
[하사미] 가위 scissors	はさみ はさみ		
[바나나] 바나나 banana	バナナ バナナ		
[히쯔지] 양 sheep	ひつじ ひつじ		

★ 핵심 생활 어휘 ★

[피-망] 피망 green pepper	ピーマン ピーマン		
[피아노] 피아노 piano	ピアノ ピアノ		
[후-셍] 풍선 balloon	ふうせん ふうせん		
[부도-] 포도 grape	ぶどう ぶどう		
[포-꾸] 포크 fork	フォーク フォーク		
[불라우스] 블라우스 blouse	ブラウス ブラウス		
[벤또-] 도시락 lunchbox	べんとう べんとう		

★핵심 생활 어휘★

[펭끼] 페인트 paint	ペンキ		
	ペンキ		
[보-시] 모자 hat	ぼうし		
	ぼうし		
[호찌끼스] 스테이플러 stapler	ホチキス		
	ホチキス		
[보-루] 공 ball	ボール		
	ボール		
[망가] 만화 comic	まんが		
	まんが		
[마이꾸] 마이크 mike	マイク		
	マイク		
[마드또] 매트 mat	マット		
	マット		

★핵심 생활 어휘★

[미깡] 귤 tangerine	みかん みかん		
[미루꾸] 우유 milk	ミルク ミルク		
[무라사끼] 보라 purple	むらさき むらさき		
[무구게] 무궁화 rose of Sharon	むくげ むくげ		
[메가네] 안경 glasses	めがね めがね		
[멜롱] 멜론 melon	メロン メロン		
[메쟈ー] 줄자 tape measure	メジャー メジャー		

★핵심 생활 어휘★

[모구라] 두더지 mole	もぐら もぐら		
[모자이꾸] 모자이크 mosaic	モザイク モザイク		
[야깡] 주전자 kettle	やかん やかん		
[야뀨-] 야구 baseball	やきゅう やきゅう		
[유비와] 반지 ring	ゆびわ ゆびわ		
[요ㄷ또] 요트 yacht	ヨット ヨット		
[라꾸다] 낙타 camel	らくだ らくだ		

★핵심 생활 어휘★

[라지오] 라디오 radio	ラジオ ラジオ		
[링고] 사과 apple	りんご りんご		
[리봉] 리본 ribbon	リボン リボン		
[루비-] 루비 ruby	ルビー ルビー		
[레ㅅ샤] 열차 train	れっしゃ れっしゃ		
[레몽] 레몬 lemon	レモン レモン		
[로-소꾸] 양초 candle	ろうそく ろうそく		

★핵심 생활 어휘★

[로보드또] 로봇 robot	ロボット ロボット		
[와리바시] 소독저 sanitary chopsticks	わりばし わりばし		
[와인] 와인 wine	ワイン ワイン		
[후똥] 이불 bedclothes	ふとん ふとん		
[다이꽁] 무 radish	だいこん だいこん		
[모꾸렝] 목련 magnolia	もくれん もくれん		
[에뿌롱] 앞치마 apron	エプロン エプロン		

★핵심 생활 어휘★

[아이스꾸리-무] 아이스크림 ice cream	アイスクリーム アイスクリーム	
[알퐈베ㄷ또] 알파벳 alphabet	アルファベット アルファベット	
[이로엠삐쯔] 색연필 colored pencil	いろえんぴつ いろえんぴつ	
[우데도께-] 손목시계 watch	うでどけい うでどけい	
[에찌께ㄷ또] 에티켓 etiquette	エチケット エチケット	
[오-또바이] 오토바이 motorcycle	オートバイ オートバイ	
[오무라이스] 오므라이스 omurice	オムライス オムライス	

★핵심 생활 어휘★

[카-네-송] 카네이션 carnation	カーネーション カーネーション	
[카스따네ㄷ또] 캐스터네츠 castanets	カスタネット カスタネット	
[카따쯔무리] 달팽이 snail	かたつむり かたつむり	
[캉가루-] 캥거루 kangaroo	カンガルー カンガルー	
[카레-라이스] 카레라이스 curried rice	カレーライス カレーライス	
[쿄-류-] 공룡 dinosaur	きょうりゅう きょうりゅう	
[쿠로ㄱ까스] 크로커스 crocus	クロッカス クロッカス	

★핵심 생활 어휘★

[쿠리스마스] 크리스마스 Christmas	クリスマス クリスマス	
[고미바께쯔] 쓰레기통 dustbin	ごみバケツ ごみバケツ	
[사쯔마이모] 고구마 sweet potato	さつまいも さつまいも	
[산도이ㄷ찌] 샌드위치 sandwich	サンドイッチ サンドイッチ	
[쟈가이모] 감자 potato	じゃがいも じゃがいも	
[지뗀샤] 자전거 bike	じてんしゃ じてんしゃ	
[스께ㄷ찌부ㄱ꾸] 스케치북 sketchbook	スケッチブック スケッチブック	

★핵심 생활 어휘★

[스베리다이] 미끄럼틀 slide	すべりだい すべりだい	
[셈뿌-끼] 선풍기 electric fan	せんぷうき せんぷうき	
[소퐈-] 소파 sofa	ソファー ソファー	
[탐바린] 탬버린 tambourine	タンバリン タンバリン	
[치규-기] 지구의 globe	ちきゅうぎ ちきゅうぎ	
[츄-리브뿌] 튤립 tulip	チューリップ チューリップ	
[츠-삐-스] 투피스 two-piece-dress	ツーピース ツーピース	

★핵심 생활 어휘★

 [뎅뀨-] 전구 light bulb	でんきゅう	でんきゅう
 [텐또-무시] 무당벌레 ladybug	てんとうむし	てんとうむし
 [토-모로꼬시] 옥수수 corn	とうもろこし	とうもろこし
 [토라꾸따-] 트랙터 tractor	トラクター	トラクター
 [낭꾜꾸] 남극 South Pole	なんきょく	なんきょく
 [닝교-] 인형 doll	にんぎょう	にんぎょう
 [네ㄱ꾸레스] 목걸이 necklace	ネックレス	ネックレス

★핵심 생활 어휘★

[바이올린] 바이올린 violin	バイオリン バイオリン	
[하리네즈미] 고슴도치 hedgehog	はりねずみ はりねずみ	
[함바-가-] 햄버거 hamburger	ハンバーガー ハンバーガー	
[히야신스] 히야신스 hyacinth	ヒヤシンス ヒヤシンス	
[비스께도또] 비스킷 biscuit	ビスケット ビスケット	
[피라미도] 피라미드 pyramid	ピラミッド ピラミッド	
[펜싱구] 펜싱 fencing	フェンシング フェンシング	

★핵심 생활 어휘★

[헬리꼬뿌따-] 헬리콥터 helicopter	ヘリコプター	
[호이스루] 호루라기 whistle	ホイッスル	
[호-셍까] 봉선화 touch-me-not	ほうせんか	
[포ㅂ뿌꼬-ㄴ] 팝콘 popcorn	ポップコーン	
[마쯔바보땅] 채송화 rose moss	まつばぼたん	
[마요네-즈] 마요네즈 mayonnaise	マヨネーズ	
[미스떼리-] 미스터리 mystery	ミステリー	

★핵심 생활 어휘★

[무기와라보-시] 밀짚모자 straw hat	むぎわらぼうし むぎわらぼうし	
[멜로디-] 멜로디 melody	メロディー メロディー	
[몬스따-] 몬스터 monster	モンスター モンスター	
[야마노보리] 등산 mountain climbing	やまのぼり やまのぼり	
[유끼다루마] 눈사람 snowman	ゆきだるま ゆきだるま	
[요-찌엥] 유치원 kindergarten	ようちえん ようちえん	
[요-구루또] 요구르트 yogurt	ヨーグルト ヨーグルト	

★핵심 생활 어휘★

[라일라ㄱ꾸] 라일락 lilac	ライラック ライラック	
[란닝구] 달리기 running	ランニング ランニング	
[리−다시ㅂ뿌] 리더십 leadership	リーダシップ リーダシップ	
[루−쥬] 루주 rouge	ルージュ ルージュ	
[레−조−꼬] 냉장고 refrigerator	れいぞうこ れいぞうこ	
[로−숑] 로션 lotion	ローション ローション	
[와스레나구사] 물망초 forget-me-not	わすれなぐさ わすれなぐさ	

★ 가족 (家族・かぞく) ★

おかあさん	はは	おとうさん	ちち
[오까-상] 어머니 mother	[하하] 엄마	[오또-상] 아버지 father	[치찌] 아빠
おかあさん	はは	おとうさん	ちち
おかあさん	はは	おとうさん	ちち

おじいさん	おばあさん	おじさん
[오지-상] 할아버지 grandfather	[오바-상] 할머니 grandmother	[오지상] 아저씨/이모부/고모부 uncle
おじいさん	おばあさん	おじさん
おじいさん	おばあさん	おじさん

★ 가족(家族・かぞく) ★

おにいさん	あに	おねえさん	あね
[오니-상] 형/오빠 elder brother	[아니] 형/오빠	[오네-상] 언니/누나 elder sister	[아네] 언니/누나
おにいさん	あに	おねえさん	あね
おにいさん	あに	おねえさん	あね

おばさん	おとうと	いもうと
[오바상] 아주머니/이모/고모 aunt	[오또-또] 남동생 younger brother	[이모-또] 여동생 younger sister
おばさん	おとうと	いもうと
おばさん	おとうと	いもうと

★나라(國・くに)이름★

かんこく	にほん	インド	ちゅうごく
[캉꼬꾸] 대한민국 Korea	[니홍] 일본 Japan	[인도] 인도 India	[츄-고꾸] 중국 China
かんこく	にほん	インド	ちゅうごく
かんこく	にほん	インド	ちゅうごく

アメリカ	カナダ	メキシコ	ブラジル
[아메리까] 미국 America	[카나다] 캐나다 Canada	[메끼시꼬] 멕시코 Mexico	[부라지루] 브라질 Brazil
アメリカ	カナダ	メキシコ	ブラジル
アメリカ	カナダ	メキシコ	ブラジル

★나라(國·くに)이름★

フランス	スイス	イタリア	スペイン
[후란스] 프랑스 France	[스이스] 스위스 Switzerland	[이딸리아] 이탈리아 Italy	[스뻬잉] 스페인 Spain
フランス	スイス	イタリア	スペイン
フランス	スイス	イタリア	スペイン

イギリス	ドイツ	ロシア	オランダ
[이기리스] 영국 England	[도이쯔] 독일 Germany	[로시아] 러시아 Russia	[오란다] 네덜란드 Netherlands
イギリス	ドイツ	ロシア	オランダ
イギリス	ドイツ	ロシア	オランダ

★ 수(かず) 이름 ★

1  2

いち	ひとつ	に	ふたつ
[이찌] 일 one	[히또쯔] 하나	[니] 이 two	[후따쯔] 둘
いち	ひとつ	に	ふたつ
いち	ひとつ	に	ふたつ

3  4

さん	みっつ	し	よっつ
[상] 삼 three	[미드쯔] 셋	[시] 사 four	[요드쯔] 넷
さん	みっつ	し	よっつ
さん	みっつ	し	よっつ

★ 수(かず) 이름 ★

5  **6**

ご	いつつ	ろく	むっつ
[고] 오 five	[이쯔쯔] 다섯	[로꾸] 육 six	[무ㄷ쯔] 여섯
ご	いつつ	ろく	むっつ
ご	いつつ	ろく	むっつ

7 **8**

しち	ななつ	はち	やっつ
[시찌] 칠 seven	[나나쯔] 일곱	[하찌] 팔 eight	[야ㄷ쯔] 여덟
しち	ななつ	はち	やっつ
しち	ななつ	はち	やっつ

★ 수(かず) 이름 ★

9 **10**

きゅう	ここのつ	じゅう	とお
[큐-] 구 nine	[코꼬노쯔] 아홉	[쥬-] 십 ten	[토-] 열
きゅう	ここのつ	じゅう	とお
きゅう	ここのつ	じゅう	とお

100  **1,000**

ひゃく	もも	せん	ち
[햐꾸] 백 hundred	[모모] 백	[셍] 천 thousand	[치] 천
ひゃく	もも	せん	ち
ひゃく	もも	ぜん	ち

반대의 뜻을 가진 い형용사

おおきい [오-끼-] 크다 big

ちいさい [치-사이] 작다 small

さむい [사무이] 춥다 cold

あつい [아쯔이] 덥다 hot

ながい [나가이] 길다 long

みじかい [미지까이] 짧다 short

ちかい [치까이] 가깝다 near

とおい [토-이] 멀다 far

おもい [오모이] 무겁다 heavy

かるい [카루이] 가볍다 light

たかい [타까이] 높다 high

ひくい [히꾸이] 낮다 low

ひろい [히로이] 넓다 wide

せまい [세마이] 좁다 narrow

やすい [야스이] 싸다 cheap

たかい [타까이] 비싸다 expensive

おおい [오-이] 많다 many

すくない [스꾸나이] 적다 few

★ 아침·낮·저녁 인사 ★

＊おはよう。는 친구 사이 등 막역한 사이에 씁니다.

おはようございます。	おはよう。
[오하요-고자이마스] 안녕하십니까?(아침 인사)	[오하요-] 안녕(아침 인사)
おはようございます。	おはよう。

こんにちは。	こんばんは。
[곤니찌와] 낮 인사	[곰방와] 저녁 인사
こんにちは。	こんばんは。

＊こんにちは。/ こんばんは。의 は는 [wa]로 읽습니다.

★안부·축하인사★

おげんきですか。	おかげさまで。
[오겡끼데스까] 건강하십니까?	[오까게사마데] 덕분에 잘 지냅니다.
おげんきですか。	おかげさまで。

おめでとうございます。

[오메데또-고자이마스] 축하드립니다. (생일·새해 등을 축하하는 인사말)

おめでとうございます。

＊일본어 가로쓰기에서는 마침표로 「.」 대신 「。」을 씁니다.

★첫대면 인사★

はじめまして。
[하지메마시떼] 처음 뵙겠습니다.

はじめまして。

どうぞよろしく。
[도-조요로시꾸] 잘 부탁드립니다.

どうぞよろしく。

おめにかかれて うれしいです。
[오메니카까레떼 우레시-데스] 만나서 반갑습니다.

おめにかかれて うれしいです。

*일본어에서는 띄어쓰기를 하지 않습니다.
하지만 어린이 책 등에서는 헷갈리지 않도록
띄어쓰는 경우도 많습니다.

★ 식사 · 사과 인사 ★

いただきます。
[이따다끼마스] 먹(들)겠습니다.

いただきます。

ごちそうさまでした。
[고찌소-사마데시따] 잘 먹었습니다.

ごちそうさまでした。

しつれいします。
[시쯔레-시마스] 실례합니다.

しつれいします。

すみません。
[스미마셍] 미안합니다.

すみません。

＊すみません. 은 '고맙습니다', '실례합니다'의 뜻으로도 사용됩니다.

★ 감사 · 부탁 인사 ★

ありがとうございます。	ありがとう。
[아리가또-고자이마스] 고맙습니다.	[아리가또-] 고마워.
ありがとうございます。	ありがとう。

どうぞよろしく。	ごくろうさま。
[도-조요로시꾸] 잘 부탁드립니다.	[고꾸로-사마] 수고하셨습니다.
どうぞよろしく。	ごくろうさま。

★ 감사 · 작별 인사 ★

どうもありがとう。	どういたしまして。
[도-모아리가또-] 정말 고맙습니다.	[도-이따시마시떼] 천만에요.
どうもありがとう。	どういたしまして。

さよなら。	ではまた。
[사요나라] 안녕히 계(가)십시오.	[데와마따] 그럼 또 만납시다.
さよなら。	ではまた。

*さよなら。는 오랫동안 헤어질 경우에 쓰고, 보통은 ではまた。/ じゃ、また。를 많이 씁니다.

★ 외출・귀가 인사 ★

いってらっしゃい。	いってきます。
[이ㄷ떼라ㅅ샤이] 다녀오십시오.	[이ㄷ떼끼마스] 다녀오겠습니다.
いってらっしゃい。	いってきます。

ただいま。	おかえりなさい。
[타다이마] 다녀왔습니다.	[오까에리나사이] 어서 오세요.
ただいま。	おかえりなさい。

＊친구나 아랫사람에게는 おかえり. 라고만 해도 됩니다.

★ ~은 무엇입니까? / ~은 ~입니다. ★

あれは なんですか。	これ	それ
[아레와난데스까] 저것은 무엇입니까?	[코레] 이것	[소레] 그것
あれはなんですか。	これ	それ

これは にんぎょうです。	おもちゃ
[코레와 닝교-데스] 이것은 인형입니다.	[오모쨔] 장난감
これはにんぎょうです。	おもちゃ

* ~です. 대신에 ~だ.를 쓰면 '~이다.' 가 됩니다.

★ ~은 누구입니까? / ~은 ~입니다. ★

あなたは どなたですか。	だれ
[아나따와 도나따데스까] 당신은 누구십니까?	[다레] 누구
あなたはどなたですか。	だれ

＊だれ는 막역한 사이에 쓰는 의문사입니다.
おまえはだれ. (너 누구니?)

わたくしは まつしたです。	おうじ
[와따꾸시와 마쯔시따데스] 저는 마쓰시타입니다.	[오-지] 왕자
わたくしはまつしたです。	おうじ

★ ~은 ~입니까? / 네, 그렇습니다. / 아닙니다.

これは あなたの くつですか。

[코레와 아나따노 쿠쯔데스까] 이것은 당신의 구두입니까?

これは あなたの くつですか。

はい, そうです。	いいえ,
[하이, 소-데스] 네, 그렇습니다.	[이-에] 아니요.
はい, そうです。	いいえ,

* いいえ, 다음에 そうではありません. 을 덧붙입니다. いいえ. 라고만 해도 됩니다.